科学开窍了！

藏在衣食住行里的
科 学

住

歪歪兔童书馆 编绘

海豚出版社
DOLPHIN BOOKS
CICG 中国国际传播集团

3

目录

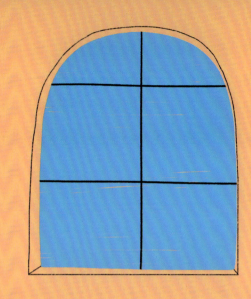

本书由中广电设计研究院高级工程师、建筑电气设计专家
张学柱老师审定，特此致谢！

建一座房子

如果我想给自己建一座房子，我该怎么做？

第一步，当然是找一个能盖房子的地方呀。

一座房子诞生记

1 选好建房子的地方，就要开始设计房子了。这座房子有几层？有几个房间？有没有电梯？怎么布局？……在建造房子之前，需要有专门的设计师画好设计图，把房子的每一寸地方都规划设计好。

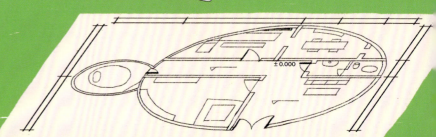

2 画好设计图，工人们就要按照图纸施工了。首先，要做基础施工。比如，挖坑、打桩、预埋一些管线等。

3 打好基础，就要建房子的主体结构了。工人们绑扎钢筋、搭建梁和柱，并给绑扎钢筋浇筑混凝土。

4 工人们在房屋主体结构里砌筑墙体，房子的布局就完工了。

5 工人们在房间里安装水、电、燃气等管线，安装好门窗。给墙面做保温，粉刷墙面；给地面做防水，铺上地砖。一座房子就基本建好啦！

有趣的房子

大约200年前，美洲原住民会用野牛皮做帐篷。

因纽特人的"雪屋"全用冰块建成。

这种四面房屋围起来的建筑叫四合院，是中国一种特有的房屋建筑，早在3000多年前就有了。

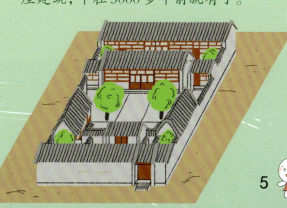

🗝️🔒 钥匙和锁

房子建好了，要给大门配上锁才安全。

是呀！有锁就要有钥匙。

🔒1 我们最常用的锁是弹子锁。

仔细看弹子锁的钥匙，上面有一些参差不齐的齿。这些齿必须和锁里的结构完全契合才能打开锁。

🔒2 让我们变得小小的，进到锁孔里面去看一看。

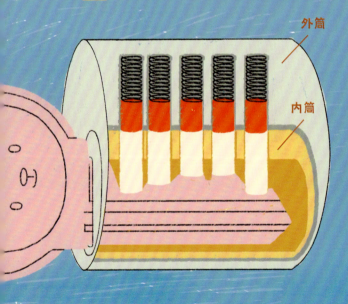

外筒

内筒

锁的内部有圆柱形的弹子和弹簧，其中弹子有上下两个，它们长短不一。最上面的弹簧会顶住两个弹子。

钥匙上的"齿花"能对应不同长度的弹子。当插入配套的钥匙时，上下弹子的连接缝隙会跟锁中内外筒的缝隙对齐成一条线。此时转动钥匙，就可以旋转内筒，把锁打开了。

如果上下弹子的连接缝隙跟内外筒的缝隙无法对齐，成不了一条直线，钥匙就转不动，锁就打不开。

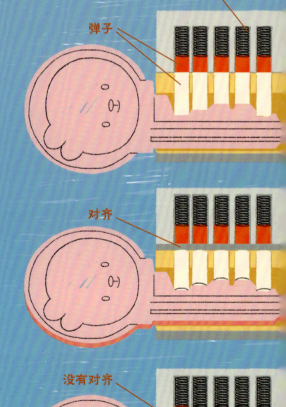

弹簧

弹子

对齐

没有对齐

随着计算机技术的发展，现在有很多锁是含有芯片的智能锁。

磁卡锁：锁感应到对应的磁卡就可以打开。

人脸识别锁：识别到主人的脸就可以打开。

密码锁：输入正确的密码就可以打开。

指纹锁：感应到主人的指纹就可以打开。

自来水从哪儿来？

遇冷

凝结成云

降水

蒸发

抽水

自来水厂

过滤处理

水龙头里的水从哪儿来呢？

它们来自很远很远的地方……

1　地球表面有很多水（海洋、河流、湖泊……）。经过太阳光照射，这些水就会蒸发，变成气体升到大气层中。大气层中的水蒸气一旦遇冷，就有可能变成雨、冰雹、雪等，再次降落到地面。

2　这些降水有的重新进入水系；有的渗入地下，变成地下水；有的则再次蒸发成为水蒸气，升到空中。这个过程循环往复，被称为"大气水循环"。

③ 自来水厂从河流、湖泊等大自然水源中抽取水，将这些水进行处理，经过沉淀、过滤、杀菌、消毒等过程，把水变得干净、卫生，达到能使用的标准，这就是家里水龙头里流出来的自来水了。

沉淀处理

消毒处理

④ 自来水厂里的水通过自来水管网被输送到千家万户。

随手关闭水龙头。

二次利用水，比如用洗衣服的水冲厕所。

宝贵的水资源

地球的储水量很丰富，但是大部分都是不能被人直接利用的海水，这部分占了大约97%，而陆地淡水仅占大约3%。与人类生活密切相关的江河、淡水湖和浅层地下水等宝贵的淡水，仅占淡水储量的0.34%。所以，节约用水非常重要！

洗澡时，涂抹洗发水和沐浴露时关闭水龙头。

⚡ 电从哪儿来？

夜晚的小镇灯火通明，真漂亮。电是从哪里来的呢？

说到电，那就要从原子说起了……

电的产生

原子核
电子

① 世界上的一切物质都是由原子构成的。原子特别小，你是看不见它的。原子的中心是带着正电的原子核，四周环绕着带着负电的电子。

② 当电子有规律地移动，电流就形成了。

家里的电从哪里来？

⚡ 电流通过电线来到我们的家里，而电线里的电流则来自发电厂。发电厂有一些巨大的机器，它们能把各种能量变成电能，生产出电。

火力发电：通过燃烧煤，让水不断变成水蒸气，水蒸气不断推动发电机转动，就能产生电。

我们推动水轮发电机发电！

燃烧！发电！

水力发电：从高处流到低处的水流推动水轮机，水轮机带动发电机，电产生了！

呼——我们吹，风力发电机就能发电啦！

风力发电：呼呼吹的大风推动风轮，风轮带动发电机发电。

发电厂里生产出来的电会通过电网输送到各个地方，然后进入各个变电所，通过配电变压器，变成我们家里能用的电。

这些电通过各种高空电缆或者地下电缆送到每个需要用电的地方。

变电所

稀奇古怪的电

我们也能发电哟！

有一种叫作电鳗的动物，身体能放电，它们电晕猎物后再把猎物吃掉。

有科学家在研究植物，希望可以利用植物的光合作用，把太阳能转化为电能。

电有时候很可怕！

我们的生活真是离不开电呀！

那当然。不过也要小心，电有时候也很可怕！

触电是怎么回事？

1 我们不能亲密接触电。不小心触电，你会感觉一股很强的电流"蹿"过全身。严重的还会让你全身疼痛、呼吸困难，十分危险！

2 人为什么会触电呢？这是因为人的身体能传导电流，如果你触碰到裸露的电线，同时身体还接触着大地，身体和大地就会形成回路，电流从身体中穿过，这就是触电了。

电笔

3 如果人的身体不和大地相连（比如穿了绝缘胶鞋，或者站在干燥的木凳上），就形不成回路，电流就不能从中流过，人就不会触电了。

4 电还有个"怪脾气"——喜欢湿，害怕干。遇到水或者潮湿的东西，电就从那里"通行"，遇到干燥的东西，电就"躲"着走。

绝缘胶鞋

这是因为水中有一些杂质，这些杂质溶解，会分解出带电离子。通电后，水中的带电离子就会产生电流。所以，湿乎乎的手一定不要去触碰插头。

怎样防止触电?

1 不用电的时候，插座面板开关保持在关的位置。

2 不可以用湿毛巾擦电器，不可以用湿手接触插头。

3 下雨天或者雷电天气时，远离电线杆。

4 看到裸露的、脱落的电线头，千万要躲开，更不能用手碰!

5 凡是金属都具有导电性，千万不要用铁丝、别针等金属制品直接与电源接触。

哎呀呀，有人触电了该怎么办?

千万不能直接去拉他!不然你也会触电。

让大人拔掉插销，切断电源!

迅速向大人求助!

用干燥的木棍，把电和人分离开!

尽快拨打120，将触电的人送往医院!

聪明的扫地机器人

妈妈快歇着，我让扫地机器人小威帮你。

做家务好累啊!

扫地机器人是怎么工作的?

1 第一步：探测地形。

开始打扫前，扫地机器人会逛一遍房间，探测一下房间有多大，家具是怎么摆放的，哪些地方有障碍物……把这些信息存储在它们的"大脑"芯片里，然后制订打扫路线计划。

2 第二步：清洁地面。

扫地机器人的身体里有一个电动机，电动机高速旋转，会产生高速气流，它们的身体里就会形成真空，吸入垃圾。它们的身体下方还有两个卷动式扫把——边刷，电动机也会带着它们高速旋转，帮助卷入周围的尘埃和杂物。

瞧，我的身体上方有个像堡垒一样的东西，那是我的感应雷达，有了它，我可以全方位扫描周围的环境。

边刷

嗡嗡嗡，我是扫地机器人小威。我要开始干活了。

一些扫地机器人的底盘有抹布，身体里有水盒。在扫地的过程中，水盒向抹布渗水，抹布也在不停地动作，向地面施加压力，把地面擦得干干净净。

③ 第三步：休整充电。

打扫完整个房间之后，扫地机器人会回到充电的地方。在这之前，需要主人帮它们把垃圾存储盒清理干净。下一次，只要主人一"召唤"，它们就出来工作了！

扫地机器人是如何"看"到路的？

扫地机器人有"眼睛"，有的"眼睛"是红外线传感器，有的"眼睛"是摄像头，有的像蝙蝠一样，用超声波定位……利用这些"眼睛"，它们能够看见前方、地面和上方，测出自身与各种障碍物之间的距离。扫地机器人还有更聪明的"大脑"，能生成数字地图，帮助规划路线。

AI 智能音箱

小兔小兔，我想听故事！

稍等，你想听什么故事？

会和歪歪兔聊天的小兔是什么？是一个 AI 智能音箱。

1 大家好，我是小兔同学！我是一台智能音箱，我不仅是台音箱，更是你的语音助手。我可以播放音乐、查看天气预报、播报新闻、给你讲笑话……我能做的可多了！你只需要动动嘴巴，说"小兔小兔，帮我……"，我就能完成很多很多工作！

3 我的芯片里有"语音识别系统"。越强大的智能设备，识别到的语音越多，越能听得懂人类的话。

当你说"小兔小兔，给我讲故事！"，我的大脑就会识别出"讲故事"这个词组，我就能理解你说的话，找到很多故事来讲。

2 我之所以这么聪明，多亏了我身体里有一个指挥中心——芯片。芯片可以看作是一种小型计算机，它就是我的大脑。人类工程师在芯片里存储了很多信息，还让我与庞大的互联网相连。

4 我还能帮你控制电器，开电视、开空调、提前让热水器加热……因为我可以"学习"，把原来控制各个电器的遥控器代码"装"进自己的大脑——芯片里。

当我们都处于同一个网络，你给我下达指令，我就会找到控制电器的那段代码，电器就会乖乖地听我指挥！

未来的智能家居

连一个小小的音箱都可以这么聪明，未来我们的家居会变成什么样呢？——也许家里的每一处都是智能的吧。

下面是一些关于未来智能家居的畅想。你还期望未来的智能家居是什么样的呢？

这是智能百叶窗，它可以根据室内外光线自动调节开合。

这是智能冰箱，它可以识别食物保质期，有食物快过期时会提醒主人。

这是智能床，它可以记录、提醒主人的睡眠和健康状态。

这是智能沙发，只要你坐上沙发，美妙的音乐声就会响起。

精彩的电视节目

电视节目是怎么来的？

1 咔哒！开拍！

要想拍电视节目，首先要有一个创意，编导、演员等工作人员会开很多会讨论怎么实现它。确定了方案之后，才能开拍。

舞美师负责布景，摄影师负责拍摄，录音师采集各种声音，灯光师负责调节灯光……大家各司其职，把电视节目拍出来。

2 加工制作。

摄像机拍摄的内容一般是一段一段的，后期制作人员会把需要的内容编辑在一起，加上特效，配上音乐、解说词和字幕……

这个电视节目真好看，它们是怎么来到电视上的呢？

嗯……这是一个比较复杂的过程……

3 传输信号。

制作好的电视节目是怎么传送到你家的电视里的呢？电视节目最终会变成信号，再通过有线电视网络传送。有线电视网络是由一根根的电缆电线组成的。

没有有线电视网络的地方，电视信号会转成无线信号发射到卫星上，再通过卫星传送给家中的电视。

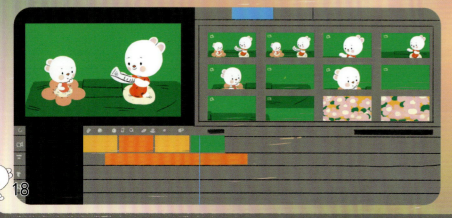

地下电缆

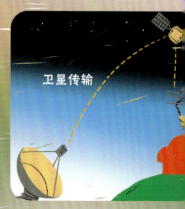

卫星传输

4 接收信号。

　　家里的电视机是一台信号接收器。图像信号经过一系列的过程，会被送到电视液晶显示器，液晶显示器中的液晶材料会把信号快速显示到屏幕上，产生红色、绿色和蓝色的点，这些点非常微小，它们会在电视上混成图像。

这样啊！

电视画面都是红、绿、蓝三种颜色的小点组成的。

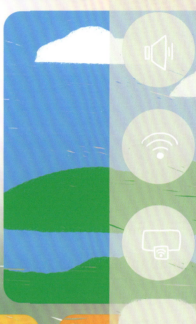

5 智能电视

　　现在家家户户都用智能电视。智能电视内部安装着无线网卡，它可以让电视机接入互联网。智能电视还安装着操作系统，可以安装应用程序，让电视的功能更加强大。

遥控器为什么能遥控？

　　我们一般都用遥控器控制电视，但是当有人站在电视和遥控器之间，遥控器就不好使了，这是为什么呢？

　　这是因为遥控器会发射一种无形的信号，当身体挡住信号，电视就无法接收到信号。遥控器发射的这种信号是一种红外线。按下不同的按键，遥控器就会发射不同编码的红外线光束，电视接收到以后，就可以执行遥控器的命令了。

📷 动画片：动起来的画

因为我们眼睛看东西有一个神奇的现象——视觉暂留！

动画片真神奇！为什么能让图画动起来？

图画为什么能动起来？

1 你眼前有一个东西，虽然它很快消失了，但你的视觉还能在很短的时间里保留它的印象，这就是"视觉暂留"现象。

盯住这个图形 15 秒左右，然后对着白色的墙壁或者天花板眨眼，你会看到……

2 根据这个原理，你可以做一个"留影盘"。留影盘是一个圆盘，盘的一面画了一只鸟，另一面画了一个空笼子。当我们给圆盘粘上筷子，快速转动筷子时，神奇的现象就出现了——鸟会出现在笼子里。

3 要想让动画片动起来，画家要画许多有细小变化的图像。比如，歪歪兔的左脚抬起来，双手抱拢，往右转，再往右转，双手打开，转到后面……这几张图依次快速替换，你就会看到歪歪兔跳起舞来了。

4 上面提到的一张图，在动画里称为"一帧"。人眼每秒内如果看到的画面超过 10 帧，就感觉不到图片在更替，而是画面动起来了！

动画片的制作技术越来越强大，有各种各样的
动画片制作方法，比如定格动画和电脑制作的动画。

定格动画

定格动画可不是画出来的，而是拍出来的。
人们用黏土、毛毡、剪纸等制作人物和场景，把
它们拍成一系列照片，再把它们组合起来播放，
这就是定格动画。

电脑制作动画

动画师通常会设计好人物、场景，规定好人物的动作、场景的变化等，电脑会自动完
成一些动画的效果，让图画一帧一帧自动产生，非常方便。

迅速翻动本书
页脚有惊喜！

互联网是怎么回事？

全世界的人每天都会使用互联网。人们用互联网聊天、分享图片、看视频、玩游戏、买东西……互联网可真是太方便了！互联网是怎么工作的呢？

看看手机连上网了吗？

我们拍个照发给妈妈吧！

① 单独一台计算机可以工作，很多台计算机连接在一起，它们可以交换信息、共享资源……工作会更高效。多台计算机连接在一起，就形成了计算机网络。

② 全世界的计算机连接起来，就是一个超级大的网络，叫广域网，也就是互联网。这个网络连接了数十亿台计算机和其他智能设备（手机、平板电脑等）。这些计算机之间会发射电子信号，共享数据。

③ 这么多的计算机到处传递数据，数据很快就乱糟糟的了！为了维持秩序，互联网遵循着一套称之为 IP 协议的规则。

每个连接互联网的设备都有一个IP地址，它就像是一个家庭住址，有了 IP 地址，互联网就会将数据传输到指定的设备中。

我要给 192.168.1.69 一个照片。

我就是 192.168.1.69！收到。

手机网络怎么把你的照片传给别人？

　　如果你想用手机把一张照片发给妈妈，手机网络会利用一种叫作分组交换的技术来传输数据。

首先，组成图片的数据会被分成小块，这些小块被称为数据包。

之后，这些数据包被发送到附近的基站（收发信号的信号塔）上。

数据包开始在网络中四处传播。

到达目的地后，小块的数据包又会重新组合成一张完整的图片。

最后，这张图片会发送到妈妈的手机里，妈妈就能看到了！

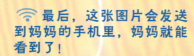

炎炎夏日的救星——空调

外面太热了，难怪天气预报发出了高温预警！

赶紧打开"救命"的空调！

气体

蒸发器

液体

空调为什么能让屋里变凉快？

① 空调就是热量的"搬运工"。你打开空调，它会把室内的热量吸到"肚子"里，进行冷却。

② 空调里有一种叫制冷剂的液体，藏在空调内部一圈一圈的铜管里。制冷剂通过空调里的蒸发器蒸发，变成气体。液体在变成气体的过程中是会吸收热量的。

③ 变成气体的制冷剂会被运输到空调的室外机器中。那里有压缩机和冷凝器，能把气态的制冷剂变成液态制冷剂。气体变成液体的过程中会释放热量，所以空调室外机吹出来的是热风。

4 接着，液态制冷剂又回到室内，吸收热量，变为气体，再到室外释放热量，变为液体……这样循环往复，空调就让屋里变得凉快了！

压缩机

气体

冷凝器

液体

热气

古代的空调

没有空调的古代人是怎么避暑的呢？

唐代时，富裕的人家普遍会建造一种"自雨亭"。自雨亭就是可以自己下雨的亭子。人们利用不断转动的水车，将冷水运输到亭顶处，再让水从房屋四周流下，就像下雨一样。水车一转，冰凉的水汽和冷风就被送入亭子里，人们就可以在里面避暑了。

谢谢冰棍儿，让我过一个美美的夏天。

那得先感谢冰箱。

冰箱是怎么工作的？

1 接上电源以后，冰箱就开始工作了！

冰箱里有个温度调节器，当它检测到冰箱内部的温度过高时，就会启动制冷系统。

2 冰箱体内有一组金属管，它们叫蒸发器。冰箱里的液态制冷剂流过这里时，会变为气态，在这个过程中就会吸收热量，冰箱里会变冷。

3 变为气体的制冷剂循环到冰箱下面的压缩机里，会被压缩，然后送到冰箱后背的管道里。这些管道叫冷凝器。制冷剂在这里将热量散发出来，再次变为液体。所以冰箱的后背总是热乎乎的。

冷凝器

蒸发器

压缩机

4 制冷剂从冰箱里带走热量，再到冰箱外释放热量。如此循环往复，冰箱里面就会变成冰冷的世界。

5 当压缩机工作了一段时间后，冰箱下降到了一定温度，它就会停下来休息一会儿。所以冰箱会制冷一会儿，再休息一会儿，以保持恒定的温度。

6 冰箱的门内侧有一圈密封条。密封条内部还有磁铁。它们让冰箱门可以牢牢地合上，让冷气一直密封在冰箱里。

密封条

冰箱和空调的工作方式好像啊！

冰

没有冰箱，古代人怎么保鲜食物？

古代虽然没有冰箱，但人们设计了一种叫作"冰鉴"的器具给食物降温。冰鉴的内壁上有一层夹层，人们会在夹层中放入冰。因为冰融化需要吸收热量，所以"冰鉴"内胆中的温度就会降低，冰鉴里的东西就能保持凉凉的。

神奇的洗洁精

哇！一滴洗洁精能变出这么多泡沫。

因为洗洁精里有一样神奇的物质——表面活性剂。

我们手拉手。

水膜

表面活性剂

为什么洗洁精加水揉搓后能起泡泡？

1 水是由水分子组成的，水分子在一起紧紧"手拉着手"，就会在水表面形成一种表面张力，这种表面张力让水表面形成一层"水膜"。

2 洗洁精里有一种神奇的物质——表面活性剂，它不让水分子手拉手，水分子之间的牵拉力量变小，水膜就变得柔软有弹性。

3 空气"钻"进水里，给水施加压力，让水膜凸出，就形成泡泡。

洗洁精怎么去油污？

1 洗洁精里的表面活性剂长得像一根火柴棒。

它们是去油污的"大功臣"。它们的"头"亲水，它们的"身体"亲油。

> 我的头喜欢水。我的身体喜欢油污。

2 当它们进入到水中，活性剂的"头"和水在一起，"身体"会找到油污，把小油污颗粒包裹起来，和水隔绝开。再"哗啦"用水一冲，油污就不见了。

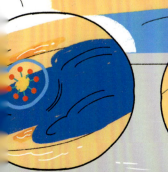

"害怕"洗洁精的胡椒粉

你知道吗？让人打喷嚏的胡椒粉，一遇见洗洁精就会"吓得四处逃走"。

你可以做一个实验：

💧 准备一个碗、一杯清水、胡椒粉和洗洁精；

💧 把清水倒入碗中，均匀地撒入胡椒粉；

💧 用食指沾上洗洁精，深入碗里。

神奇的一幕发生了：胡椒粉像做了坏事一样，向四周"逃窜"。

其实，这是因为洗洁精溶解到水中，破坏了水表面的水膜，让水"承担不住"胡椒粉的重量，胡椒粉就去寻找没有溶解洗洁精的地方，所以只能"四散逃开"了。

无火炊具——电磁炉

没有火，电磁炉是怎么煮饭的呢？

因为电磁炉里有一种叫电子的"小精灵"。

电磁炉是怎么工作的？

① 插上电，电磁炉就能开始工作了。电磁炉里面有一圈一圈的线圈。当电磁炉通电以后，里面的电子会流动起来产生电流。控制电路让电流高速变化，就产生了高速变化的磁场。

② 把一个铁锅放在电磁炉上，接触到磁场，铁锅底部会产生无数小涡流。涡流让铁锅底部的电子们相互碰撞、摩擦，就会产生热量。

③ 加热后的铁锅会把热量传递给锅里的食物，食物就能被加热煮熟了。

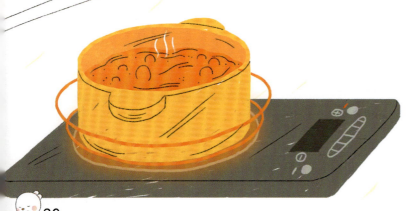

④ 调节电磁炉面板上的控制按键，可以增强或者减弱磁场，等于调节了电磁炉的"火力"。

在电磁炉上"画画"的钢珠

我们可以和爸爸妈妈一起做一个实验来验证电磁炉里有磁场。

在电磁炉上放一个平底锅，锅里装上沙子，然后把沙子抹平，在上面放上准备好的小钢珠。给电磁炉插上电，观察沙子上的小钢珠。你会发现钢珠开始动起来，在沙子上画起了圈圈。

这是因为电磁炉底座有一个环形磁场，钢珠是用铁制作而成的，磁场可以吸住铁。所以，小钢珠受到电磁场的磁力作用，就开始在沙子上绕着圈"跑"起来了。

（注意安全，记住，要在大人的陪伴下进行实验！）

叮！微波炉

那是因为微波炉里有一种神奇的波！

微波炉里也没有火，但同样能加热食物。

我是微波。

我是水分子。

微波炉是怎么工作的？

1️⃣ 微波炉里有微波，它属于电磁波的一种。虽然我们的肉眼看不见这种波，但是微波可厉害了——它能够穿透食物，让食物变热。

2️⃣ 食物当中一般都含有水分子。当微波炉通电，微波就会带动食物里的水分子一起振动，振动的水分子会互相摩擦，食物就这样变热了。

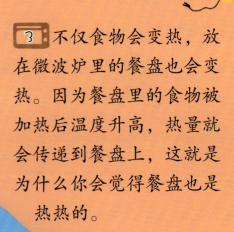

3️⃣ 不仅食物会变热，放在微波炉里的餐盘也会变热。因为餐盘里的食物被加热后温度升高，热量就会传递到餐盘上，这就是为什么你会觉得餐盘也是热热的。

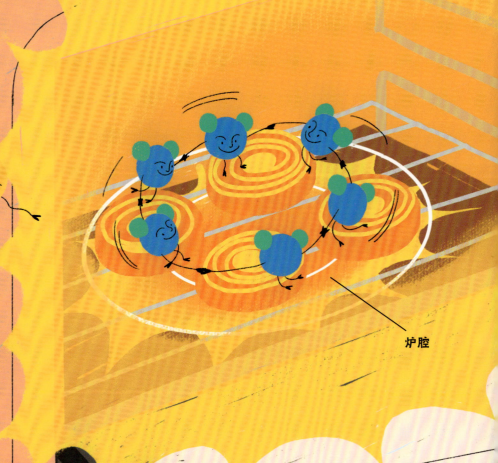

炉灯

炉腔

微波炉里可以用什么材质的碗？

微波炉配套的碗一般都有"微波炉专用"字样，如果上面没有标识，那就需要好好分辨了！

功率调节器

定时器

玻璃碗：玻璃器皿耐高温，所以适合在微波炉里使用。

陶瓷碗：陶瓷也很耐热。但如果碗上有金银线，那就要注意了，金银线与微波碰撞可能产生电火花。

不锈钢碗：金属材质的容器都不能放到微波炉里加热，金属不仅不会吸收微波，反而会反射微波，让微波炉的寿命变短。

木碗：木碗不能长时间放到微波炉里加热，因为木材受热可能会着火！

33

好烫的"白气"

呼——呼——
烫死了！

小心！等"白气"
散了再靠近。

水的"变身术"

水是由水分子组成的。
当水遇到寒冷的空气，水分子会
紧密地结合在一起，变成硬邦邦
的冰块。当温度升高，水分子又
会分散开，再次变成液体的水。

好冷啊！我
们凑紧一些。

好热啊！我
们分开一些！

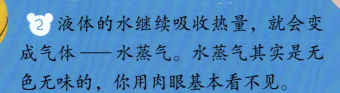液体的水继续吸收热量，就会变
成气体——水蒸气。水蒸气其实是无
色无味的，你用肉眼基本看不见。

3 水蒸气遇冷后，里面的水分子又开始聚到一起，凝结成非常小的水滴飘浮在空气中，成为雾状的小水珠，这就是我们平时看到的雾状的"白气"。

4 因为水蒸气变成"白气"的过程中，会释放大量的热量，所以当我们碰到"白气"的时候会感觉很烫哟！

凝结水珠

水蒸气，大威力！

你知道吗？水蒸气的能量非常大。18世纪，人们发明了利用水蒸气做动力的火车——蒸汽机车。工人把煤填入燃烧室，煤在燃烧的过程中会释放热量，加热水就会产生大量水蒸气。水蒸气进入气缸，推动活塞往复运动，活塞通过一系列的杠杆设置，就能带动蒸汽机车的车轮旋转，从而带动火车前进。

着火啦，怎么办？

妈妈，你买了什么？

我买了一个消防应急包。万一家里发生火灾的话……

如果纸张、棉被、窗帘、木制桌椅着火，我们可以泼水熄灭火。

如果油锅着火，千万别用水去浇！赶紧用锅盖盖住，隔绝空气中的氧气，把火扑灭。

如果家里的电器着火了，赶快把电源拔掉，再用灭火毯或者湿毛巾盖住燃烧的部位。千万不能用水直接浇在上面，这有可能会引发爆炸！

发生火灾时，不仅火的威力大，其产生的烟雾也会伤害人，记得用湿毛巾、湿衣服捂住口和鼻子，弯着腰迅速离开。

如果发现烟雾、大火，立刻远离，马上拨打救火电话——119！

以防万一，家里最好常备一个消防应急包。包里一般配置三类物品：消防器材、逃生工具、简单处理外伤的药品器具。

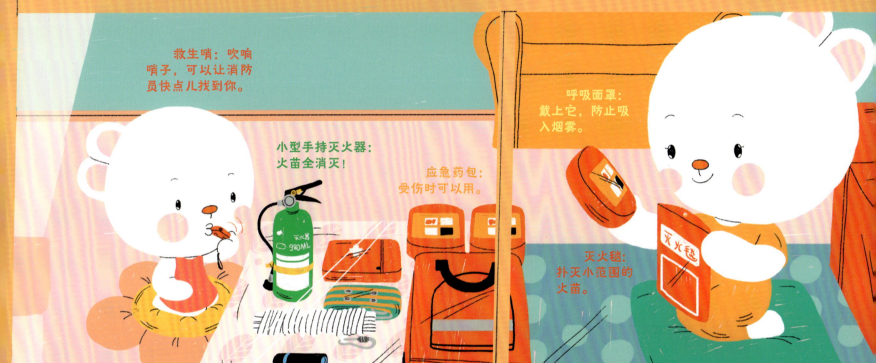

救生哨：吹响哨子，可以让消防员快点儿找到你。

小型手持灭火器：火苗全消灭！

应急药包：受伤时可以用。

呼吸面罩：戴上它，防止吸入烟雾。

灭火毯：扑灭小范围的火苗。

怎么着火了？

我们周围有很多东西容易烧着，比如纸、布、塑料、木头、酒精、天然气……如果凑齐了下面这些条件，就会着火。

① 有可以烧着的东西；

② 空气中的氧气；

③ 有能够引起燃烧的火源，比如火苗、小火星、聚集的太阳光、射线，等等。

所以，可不能让易燃物沾上小火星，不然，一不小心小火星可能会变成小火苗，然后变成熊熊大火！

森 林 日 报

一个未熄灭的烟头引燃800亩森林。森林消防员已到达现场，迅速开展救火工作。

1 右面这个分子叫甲烷。它没有颜色，也没有味道，它是天然气的主要成分。它和氧气混合后，能被点燃。

2 只要打开燃气灶阀门，天然气就会从管道里源源不断地流出来。所有的天然气都是通过天然气管道输送到家家户户的，这些管道最终通向开采天然气的地方。

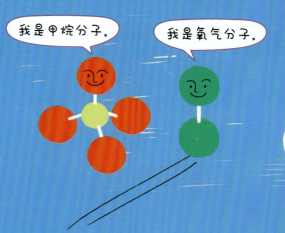

海洋

海洋生物死亡

海洋

泥沙

油钻
天然气
石油

动物遗骸被层层泥沙掩埋

形成石油和天然气

3 2亿~3亿年前，当动物和植物死亡，它们就被埋在地下或者海底。经过漫长的时间，它们渐渐被微生物分解，就变成了天然气。

> 我们天然气的产生需要一定的气候和环境条件，还要经过上亿年的时间，所以是一种不可再生的资源。人类要节约使用哟！

糟糕！燃气泄漏了

1 在封闭的室内，天然气的浓度过高，室内的氧气大量减少，人们就会出现缺氧的症状，严重的会导致昏迷，甚至死亡。

2 燃气有可能发生爆炸，非常可怕。

> 咳咳，好难闻！

3 天然气本身没有味道，但为了让人们能及时发现天然气泄漏，燃气里都添加了一种难闻的气体——四氢噻吩。

4 当你意识到燃气泄漏时，要第一时间打开门窗，让空气流通起来。还要立刻关上燃气阀门。

滚呀滚，衣服变干净

洗衣机是怎么工作的？

也许吧，我们看看洗衣机是怎样工作的！

洗衣机里有什么？有一双会洗衣服的"机器手"吗？

1 洗衣机里面有一个巨大的滚筒，人们把脏衣服放进滚筒里，再倒入洗衣液，准备工作就做好了。

2 按下开关，洗衣机就开始工作了。当洗衣机接收到"洗衣服"的命令时，就开始注水，水达到一定高度，洗衣机里的电动机就让滚筒旋转起来。滚筒旋转的过程中，里面的衣服也会跟着翻滚起来。

3 衣服在翻滚的时候会相互摩擦，衣服上的脏东西就被摩擦掉了。它们滚呀滚的同时，水和洗衣液就会把脏东西带走。

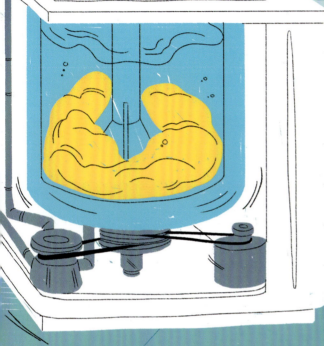

还有一种洗衣机是波轮洗衣机。洗衣机波轮的叶片会来回搅动，衣服也会在"大桶"里来回搅动摩擦，变干净。

4 当衣服洗干净了，洗衣机就收到甩干衣服的"指令"，内桶会飞速旋转，利用离心作用把水和衣服分离，这些水被甩出去，最后流走。

啊！要被甩飞啦——

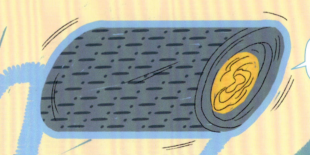

洗衣机是谁发明的？

据说，最先想到发明洗衣机的是一群漂荡在海上的水手。水手们把脏衣服装进一个麻袋，然后把麻袋丢进海里，用绳子挂在船边。因为水流会不断搅动、拍打脏衣服，大海就成了一个免费的"自动洗衣机"。

走你！

41

奇妙的镜子

镜子为什么能照出人像?

镜子的"魔法"叫——镜面反射。

为什么镜子里面会出现另一个我?

1 太阳光或者灯光等光线照射一个物体,物体会反射光进入到你的眼睛里,你才能看见这个物体。

2 你站在透明玻璃面前,光线照到你的身上。因为玻璃是透明的,大部分光会穿透玻璃,不会被反射到你的眼睛里,所以你无法通过透明玻璃看见你自己。

3 镜子和玻璃不同,镜子是在光滑的玻璃上涂了一层铝或银等金属粉末。

玻璃

金属

4 你站在镜子面前,照射你的光线遇到金属,会全部被反射回你的眼睛里,你就能看到镜子里的自己了。这个过程叫作镜面反射。

5 当光遇到表面粗糙的东西时,比如墙面等,光不会穿透,也不会被反射,只会向各个方向四散逃开,这叫光的漫反射。

认识反射

你知道吗？自然界中有各种各样的反射。我们可以利用反射做各种各样有用的东西。画一个思维导图认识一下反射吧！

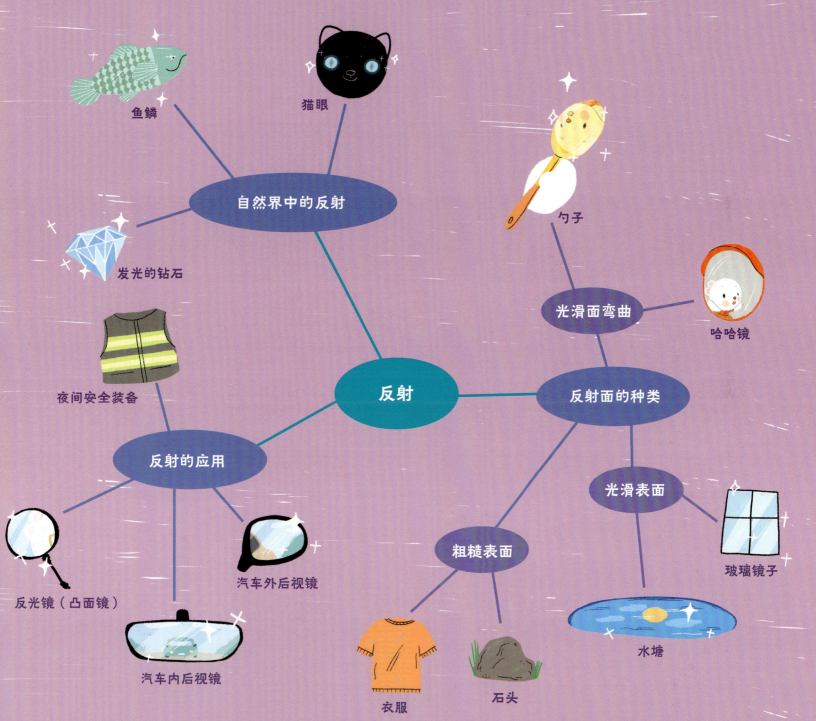

鱼鳞

猫眼

勺子

自然界中的反射

光滑面弯曲

哈哈镜

发光的钻石

夜间安全装备

反射

反射面的种类

反射的应用

光滑表面

玻璃镜子

粗糙表面

反光镜（凸面镜）

汽车外后视镜

水塘

汽车内后视镜

衣服

石头

43

⊙ 好臭，马桶堵了！

马桶是怎么工作的？

① 马桶上方有一个储水水箱，它连通着水管。当你按下冲水键，水箱里的水会瞬间流到马桶里。

② 冲到桶身的水会流入马桶管道。马桶里的管道是弯弯曲曲的，就是这种设计让水有很大的冲劲儿，能把便便冲走。

③ 为什么管道弯弯曲曲的就能让马桶水带走便便？这其实运用到了一个物理学原理——虹吸原理。

马桶堵了，臭死了！

别着急……我来拿马桶塞通一通！

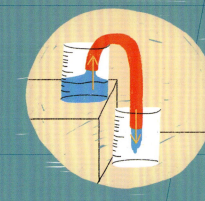

虹吸原理：假如有两个杯子，一个杯子在高的地方，另一个杯子在低的地方，两个杯子中间连接着一个充满水的管子。高处的水受到的压力会比低处大，水就会通过弯曲的管子往低处的杯子里流动，这就是虹吸原理。

推
来回推吸
吸

马桶塞为什么能疏通马桶?

1 马桶塞一般都是由有弹性的橡胶制成的。用力推,马桶塞可以和马桶形成一个封闭空间。

2 越往下推马桶塞,马桶里的压力越大,其中的阻塞物就会被压力向下推。

3 抽出马桶塞的时候,阻塞物又会被吸回来。这样一推一吸,阻塞物就会松动,就容易被水冲下去啦!

用"虹吸原理"给鱼缸换水

第一步:将水管一端放入鱼缸,不要露出鱼缸水面。注意,整个过程中鱼缸水面都要高于水管排水口。

第二步:将水管另一端接到家里距离鱼缸最近的水龙头,套紧。

第三步:打开水龙头,往水管里注水,同时摁住水管的另一端,让水管里充满水。

第四步:当水管里充满水,就可以把在水龙头的那一端取下,放到排水池。这时候,鱼缸里的水会自动往水池里排了。

💩 便便去哪儿了？

> 马桶里的便便被冲走了，它们会去哪儿呢？

> 它们会在一些特殊的地方被处理掉……

便便旅行记

城市地下有各种各样的管道，这些管道互相连通。这其中就有专门输送便便的管道。

💩 旅行第一站：化粪池。

通过管道，便便到达的第一站是"一级厌氧室"。这里早就准备好了水和生物发酵剂。粪便会在里面泡上 12~24 个小时。之后，粪便会分离成底层粪渣、中层废液和上层浮渣。

接着，粪便会流到"二级厌氧室"。粪便在这里继续发酵。粪便和粪液也会分离得更开。

粪液继续流，到了第三级"澄清室"。这时候的粪液更干净，就可以排到污水处理厂。而底部的粪渣会被送到粪便消纳站。

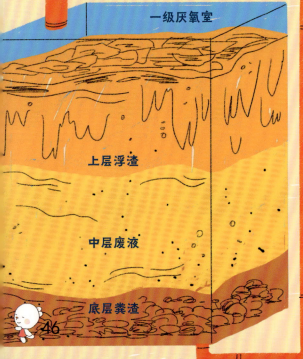

一级厌氧室

上层浮渣

中层废液

底层粪渣

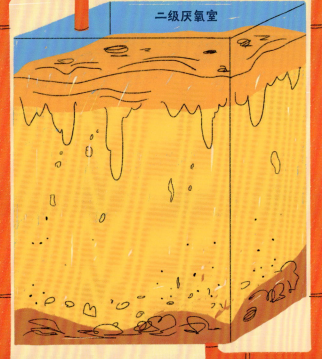

二级厌氧室

澄清室

暴脾气的"沼气"

粪便在分解的过程中会产生沼气，这些沼气遇到火苗极易引发爆炸。

如果你看到写着"污"的井盖，下面可能就是化粪池，井盖上的小口就是用来排沼气的。你可别往附近凑，更不能乱扔烟头等带火星之类的东西。因为很有可能就会点燃沼气，引发一场突如其来的爆炸！

这里有沼气！

2 旅行第二站：粪便消纳站。

吸粪车会把粪便吸走，运送到粪便消纳站。在粪便消纳站，经过脱水处理的方式，便便会成为絮状的固体。人们会把它们做成肥料，或者填埋到地下。

做成肥料

填埋

3 旅行第三站：污水处理厂。

澄清后的粪水会被送去污水处理厂。在那里，经过各种消毒处理后，这些污水就会被排到江河里，或者用来灌溉农田、做绿化等。好好利用这些水可以帮我们节约用水，非常环保！

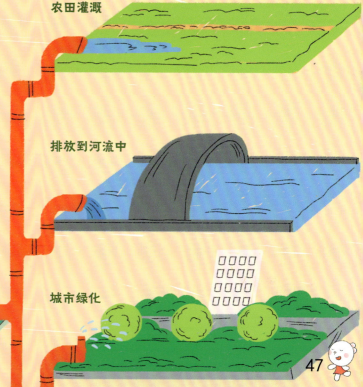

农田灌溉

排放到河流中

城市绿化

垃圾去哪儿了？

你好啊！我是一袋垃圾。当你把我扔到垃圾桶里的时候，我的旅行就开始了。

香蕉皮一定要扔到垃圾桶哟！

那垃圾桶里的香蕉皮会去哪里呢？

垃圾的旅行

1 每天早上5点多就有专门的工作人员来接我们，我们会坐上垃圾车，被送到一个垃圾转运站。

2 我们被倒在转运带上，工人们先把大件垃圾拣出来，小件垃圾就留在转运带上进行下一步处理。

磁选机能把金属吸走

滚筒筛

3 留在转运带上的垃圾会进入一个满是洞洞的滚筒筛里，这些洞很小，只有几厘米。垃圾在里面翻滚，一些很小的垃圾就漏下去了，这些漏下去的垃圾绝大部分是厨余垃圾。

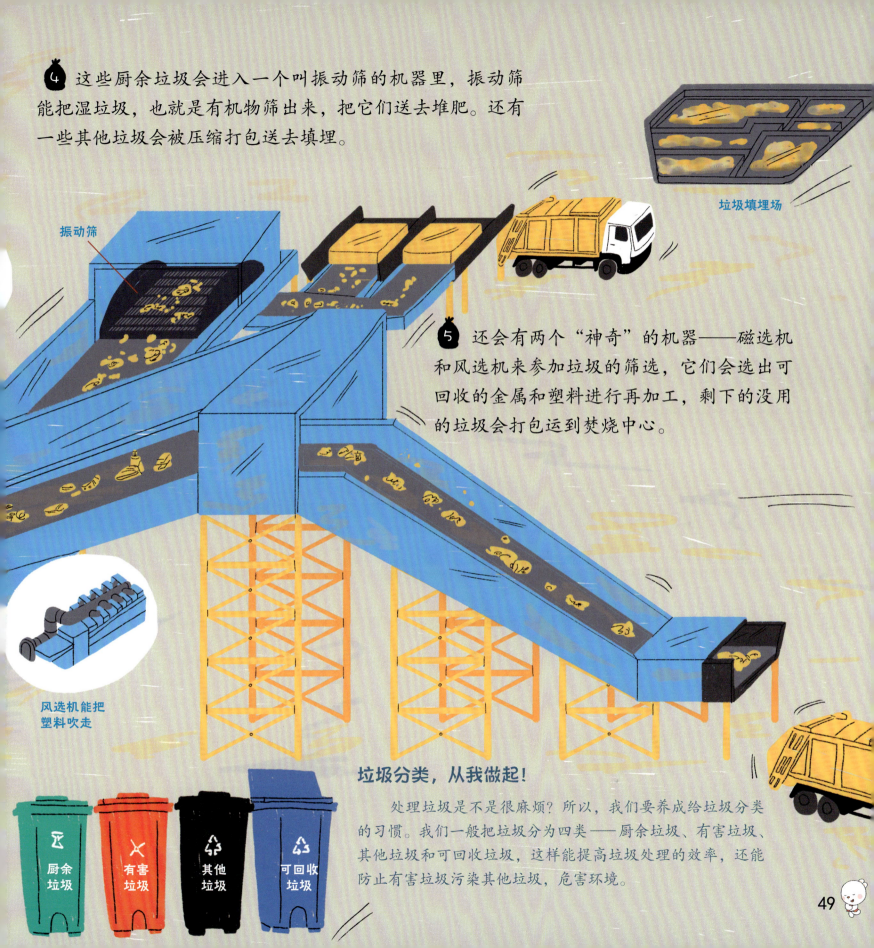

4 这些厨余垃圾会进入一个叫振动筛的机器里，振动筛能把湿垃圾，也就是有机物筛出来，把它们送去堆肥。还有一些其他垃圾会被压缩打包送去填埋。

垃圾填埋场

振动筛

5 还会有两个"神奇"的机器——磁选机和风选机来参加垃圾的筛选，它们会选出可回收的金属和塑料进行再加工，剩下的没用的垃圾会打包运到焚烧中心。

风选机能把
塑料吹走

厨余垃圾　有害垃圾　其他垃圾　可回收垃圾

垃圾分类，从我做起！

处理垃圾是不是很麻烦？所以，我们要养成给垃圾分类的习惯。我们一般把垃圾分为四类——厨余垃圾、有害垃圾、其他垃圾和可回收垃圾，这样能提高垃圾处理的效率，还能防止有害垃圾污染其他垃圾，危害环境。

49

未来那些大胆设想的房子

未来我们会住在哪里呢？

天上、地下、海底都有可能哟!

1 人类曾经设想建造一座摩天巨塔。有4000米高，里面可以容纳500万人居住。大家都可以集中在里面生活，非常节省空间。

2 可以在水下居住吗？当然有可能。人们也曾设想过在水下建造一座城市。这座城市是一个球体，可以容纳大约5000人在里面生活。这个球体平时可以浮在海面上，天气恶劣的时候就潜入水中，就像一个现代高科技版的"诺亚方舟"。

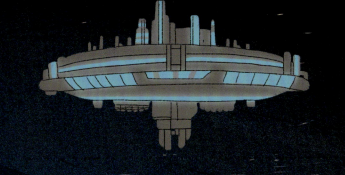

③ 人类还曾经设想在太空中建造一个太空城。

在太空城里，动物、植物、高山、河流、土地等地球上的东西都可以"移民"过去，人类可以在里面实现食物的自给自足。太空城坚不可摧，安全又宜居。

④ 地球的表面，大约71%是海洋，这部分怎么利用起来呢？人类设想把家园建在海面上，就像荷叶浮在水面上一样，建成海上"漂浮城市"。但是，这个计划难度很大，因为这些房子必须能抵抗飓风、海啸这种大灾难。

关于人类住的地方，你有什么有趣的设想吗？

51

思维导图

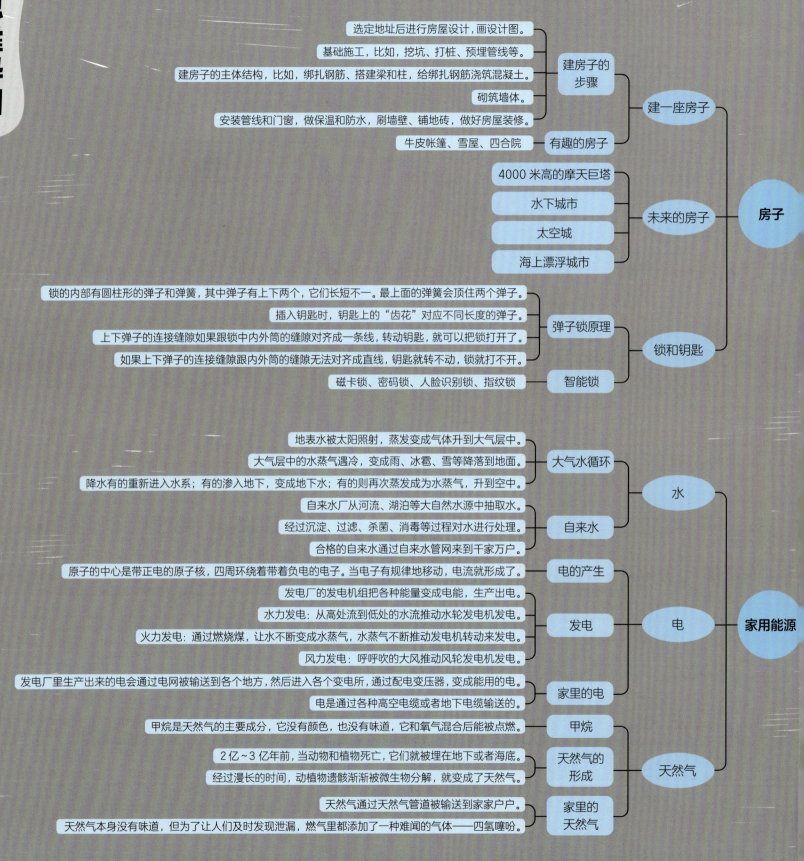

选定地址后进行房屋设计，画设计图。
基础施工，比如，挖坑、打桩、预埋管线等。
建房子的主体结构，比如，绑扎钢筋、搭建梁和柱，给绑扎钢筋浇筑混凝土。
砌筑墙体。
安装管线和门窗，做保温和防水，刷墙壁、铺地砖，做好房屋装修。
建房子的步骤

牛皮帐篷、雪屋、四合院
有趣的房子

建一座房子

4000 米高的摩天巨塔
水下城市
太空城
海上漂浮城市
未来的房子

房子

锁的内部有圆柱形的弹子和弹簧，其中弹子有上下两个，它们长短不一。最上面的弹簧会顶住两个弹子。
插入钥匙时，钥匙上的"齿花"对应不同长度的弹子。
上下弹子的连接缝隙如果跟锁中内外筒的缝隙对齐成一条线，转动钥匙，就可以把锁打开了。
如果上下弹子的连接缝隙跟内外筒的缝隙无法对齐成直线，钥匙就转不动，锁就打不开。
弹子锁原理

磁卡锁、密码锁、人脸识别锁、指纹锁
智能锁

锁和钥匙

地表水被太阳照射，蒸发变成气体升到大气层中。
大气层中的水蒸气遇冷，变成雨、冰雹、雪等降落到地面。
降水有的重新进入水系；有的渗入地下，变成地下水；有的则再次蒸发成为水蒸气，升到空中。
大气水循环

自来水厂从河流、湖泊等大自然水源中抽取水。
经过沉淀、过滤、杀菌、消毒等过程对水进行处理。
合格的自来水通过自来水管网来到千家万户。
自来水

水

原子的中心是带正电的原子核，四周环绕着带着负电的电子。当电子有规律地移动，电流就形成了。
电的产生

发电厂的发电机组把各种能量变成电能，生产出电。
水力发电：从高处流到低处的水流推动水轮发电机发电。
火力发电：通过燃烧煤，让水不断变成水蒸气，水蒸气不断推动发电机转动来发电。
风力发电：呼呼吹的大风推动风轮发电机发电。
发电

发电厂里生产出来的电会通过电网被输送到各个地方，然后进入各个变电所，通过配电变压器，变成能用的电。
电是通过各种高空电缆或者地下电缆输送的。
家里的电

电

甲烷是天然气的主要成分，它没有颜色，也没有味道，它和氧气混合后能被点燃。
甲烷

2 亿~3 亿年前，当动物和植物死亡，它们就被埋在地下或者海底。
经过漫长的时间，动植物遗骸渐渐被微生物分解，就变成了天然气。
天然气的形成

天然气通过天然气管道被输送到家家户户。
天然气本身没有味道，但为了让人们及时发现泄漏，燃气里都添加了一种难闻的气体——四氢噻吩。
家里的天然气

天然气

家用能源

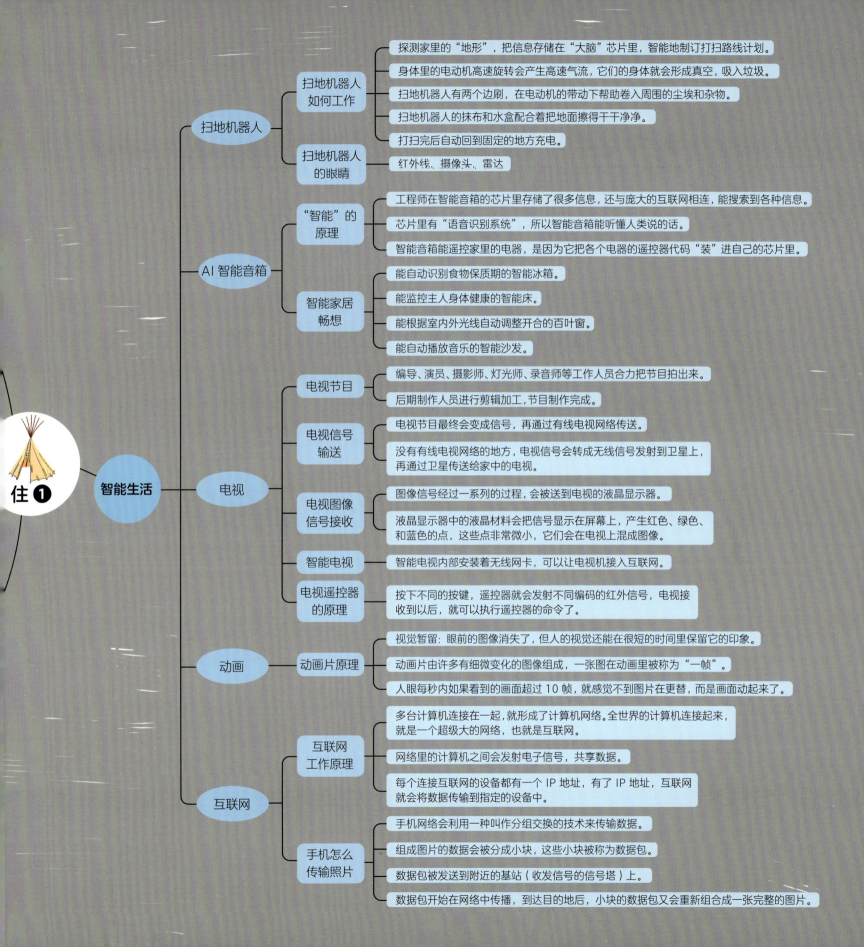

住❶

智能生活

- **扫地机器人**
  - **扫地机器人如何工作**
    - 探测家里的"地形"，把信息存储在"大脑"芯片里，智能地制订打扫路线计划。
    - 身体里的电动机高速旋转会产生高速气流，它们的身体就会形成真空，吸入垃圾。
    - 扫地机器人有两个边刷，在电动机的带动下帮助卷入周围的尘埃和杂物。
    - 扫地机器人的抹布和水盒配合着把地面擦得干干净净。
    - 打扫完后自动回到固定的地方充电。
  - **扫地机器人的眼睛**
    - 红外线、摄像头、雷达。

- **AI 智能音箱**
  - **"智能"的原理**
    - 工程师在智能音箱的芯片里存储了很多信息，还与庞大的互联网相连，能搜索到各种信息。
    - 芯片里有"语音识别系统"，所以智能音箱能听懂人类说的话。
    - 智能音箱能遥控家里的电器，是因为它把各个电器的遥控器代码"装"进自己的芯片里。
  - **智能家居畅想**
    - 能自动识别食物保质期的智能冰箱。
    - 能监控主人身体健康的智能床。
    - 能根据室内外光线自动调整开合的百叶窗。
    - 能自动播放音乐的智能沙发。

- **电视**
  - **电视节目**
    - 编导、演员、摄影师、灯光师、录音师等工作人员合力把节目拍出来。
    - 后期制作人员进行剪辑加工，节目制作完成。
  - **电视信号输送**
    - 电视节目最终会变成信号，再通过有线电视网络传送。
    - 没有有线电视网络的地方，电视信号会转成无线信号发射到卫星上，再通过卫星传送给家中的电视。
  - **电视图像信号接收**
    - 图像信号经过一系列的过程，会被送到电视的液晶显示器。
    - 液晶显示器中的液晶材料会把信号显示在屏幕上，产生红色、绿色、和蓝色的点，这些点非常微小，它们会在电视上混成图像。
  - **智能电视**
    - 智能电视内部安装着无线网卡，可以让电视机接入互联网。
  - **电视遥控器的原理**
    - 按下不同的按键，遥控器就会发射不同编码的红外信号，电视接收到以后，就可以执行遥控器的命令了。

- **动画**
  - **动画片原理**
    - 视觉暂留：眼前的图像消失了，但人的视觉还能在很短的时间里保留它的印象。
    - 动画片由许多有细微变化的图像组成，一张图在动画里被称为"一帧"。
    - 人眼每秒内如果看到的画面超过 10 帧，就感觉不到图片在更替，而是画面动起来了。

- **互联网**
  - **互联网工作原理**
    - 多台计算机连接在一起，就形成了计算机网络。全世界的计算机连接起来，就是一个超级大的网络，也就是互联网。
    - 网络里的计算机之间会发射电子信号，共享数据。
    - 每个连接互联网的设备都有一个 IP 地址，有了 IP 地址，互联网就会将数据传输到指定的设备中。
  - **手机怎么传输照片**
    - 手机网络会利用一种叫作分组交换的技术来传输数据。
    - 组成图片的数据会被分成小块，这些小块被称为数据包。
    - 数据包被发送到附近的基站（收发信号的信号塔）上。
    - 数据包开始在网络中传播，到达目的地后，小块的数据包又会重新组合成一张完整的图片。

思维导图

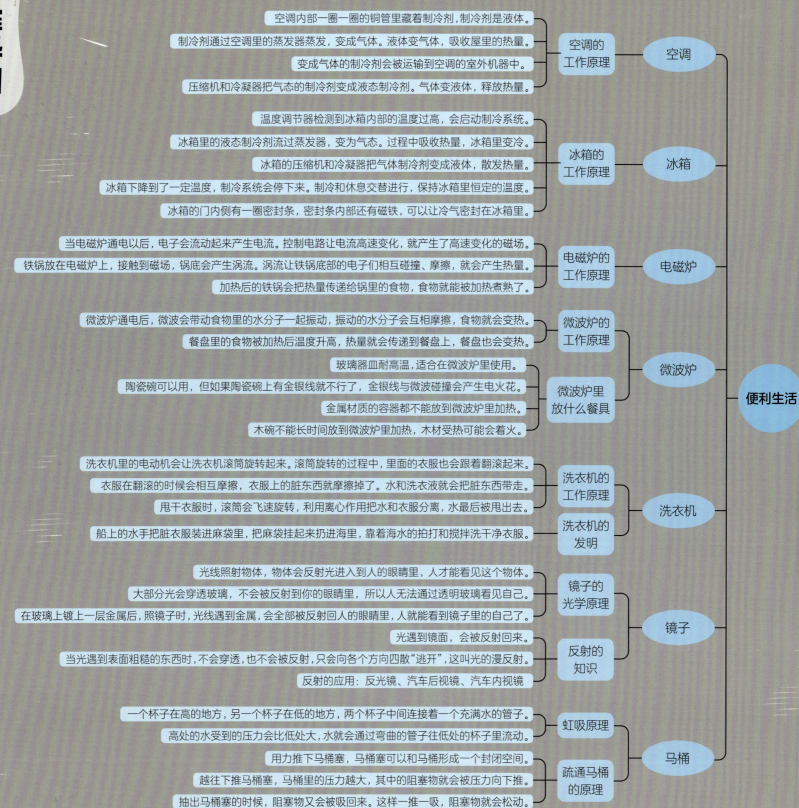

便利生活

空调
空调的工作原理
- 空调内部一圈一圈的铜管里藏着制冷剂，制冷剂是液体。
- 制冷剂通过空调里的蒸发器蒸发，变成气体。液体变气体，吸收屋里的热量。
- 变成气体的制冷剂会被运输到空调的室外机器中。
- 压缩机和冷凝器把气态的制冷剂变成液态制冷剂。气体变液体，释放热量。

冰箱
冰箱的工作原理
- 温度调节器检测到冰箱内部的温度过高，会启动制冷系统。
- 冰箱里的液态制冷剂流过蒸发器，变为气态。过程中吸收热量，冰箱里变冷。
- 冰箱的压缩机和冷凝器把气体制冷剂变成液体，散发热量。
- 冰箱下降到了一定温度，制冷系统会停下来。制冷和休息交替进行，保持冰箱里恒定的温度。
- 冰箱的门内侧有一圈密封条，密封条内部还有磁铁，可以让冷气密封在冰箱里。

电磁炉
电磁炉的工作原理
- 当电磁炉通电以后，电子会流动起来产生电流。控制电路让电流高速变化，就产生了高速变化的磁场。
- 铁锅放在电磁炉上，接触到磁场，锅底会产生涡流。涡流让铁锅底部的电子们相互碰撞、摩擦，就会产生热量。
- 加热后的铁锅会把热量传递给锅里的食物，食物就能被加热煮熟了。

微波炉
微波炉的工作原理
- 微波炉通电后，微波会带动食物里的水分子一起振动，振动的水分子会互相摩擦，食物就会变热。
- 餐盘里的食物被加热后温度升高，热量就会传递到餐盘上，餐盘也会变热。
微波炉里放什么餐具
- 玻璃器皿耐高温，适合在微波炉里使用。
- 陶瓷碗可以用，但如果陶瓷碗上有金银线就不行了，金银线与微波碰撞会产生电火花。
- 金属材质的容器都不能放到微波炉里加热。
- 木碗不能长时间放到微波炉里加热，木材受热可能会着火。

洗衣机
洗衣机的工作原理
- 洗衣机里的电动机会让洗衣机滚筒旋转起来。滚筒旋转的过程中，里面的衣服也会跟着翻滚起来。
- 衣服在翻滚的时候会相互摩擦，衣服上的脏东西就摩擦掉了。水和洗衣液就会把脏东西带走。
- 甩干衣服时，滚筒会飞速旋转，利用离心作用把水和衣服分离，水最后被甩出去。
洗衣机的发明
- 船上的水手把脏衣服装进麻袋里，把麻袋挂起来扔进海里，靠着海水的拍打和搅拌洗干净衣服。

镜子
镜子的光学原理
- 光线照射物体，物体会反射光进入到人的眼睛里，人才能看见这个物体。
- 大部分光会穿透玻璃，不会被反射到你的眼睛里，所以人无法通过透明玻璃看见自己。
- 在玻璃上镀上一层金属后，照镜子时，光线遇到金属，会全部被反射回人的眼睛里，人就能看到镜子里的自己了。
反射的知识
- 光遇到镜面，会被反射回来。
- 当光遇到表面粗糙的东西时，不会穿透，也不会被反射，只会向各个方向四散"逃开"，这叫光的漫反射。
- 反射的应用：反光镜、汽车后视镜、汽车内视镜

马桶
虹吸原理
- 一个杯子在高的地方，另一个杯子在低的地方，两个杯子中间连接着一个充满水的管子。
- 高处的水受到的压力会比低处大，水就会通过弯曲的管子往低处的杯子里流动。
疏通马桶的原理
- 用力推下马桶塞，马桶塞可以和马桶形成一个封闭空间。
- 越往下推马桶塞，马桶里的压力越大，其中的阻塞物就会被压力向下推。
- 抽出马桶塞的时候，阻塞物又会被吸回来。这样一推一吸，阻塞物就会松动。

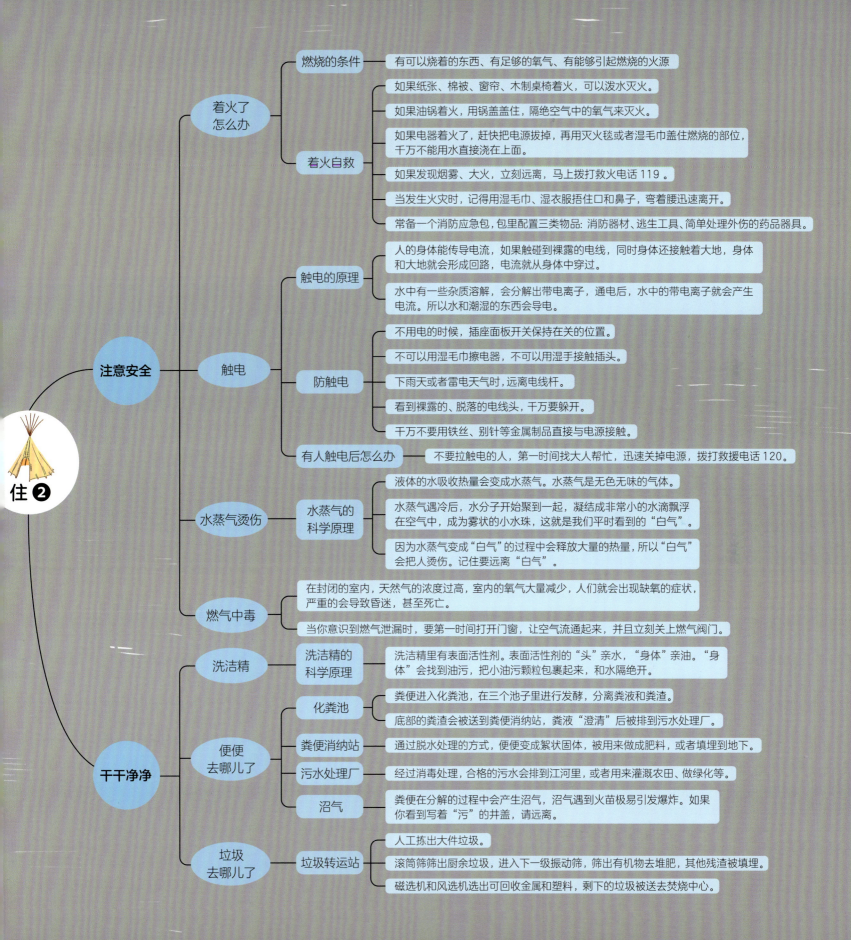

住❷

注意安全

着火了怎么办
- 燃烧的条件 —— 有可以烧着的东西、有足够的氧气、有能够引起燃烧的火源
- 着火自救
  - 如果纸张、棉被、窗帘、木制桌椅着火,可以泼水灭火。
  - 如果油锅着火,用锅盖盖住,隔绝空气中的氧气来灭火。
  - 如果电器着火了,赶快把电源拔掉,再用灭火毯或者湿毛巾盖住燃烧的部位,千万不能用水直接浇在上面。
  - 如果发现烟雾、大火,立刻远离,马上拨打救火电话119。
  - 当发生火灾时,记得用湿毛巾、湿衣服捂住口和鼻子,弯着腰迅速离开。
  - 常备一个消防应急包,包里配置三类物品:消防器材、逃生工具、简单处理外伤的药品器具。

触电
- 触电的原理
  - 人的身体能传导电流,如果触碰到裸露的电线,同时身体还接触着大地,身体和大地就会形成回路,电流就从身体中穿过。
  - 水中有一些杂质溶解,会分解出带电离子,通电后,水中的带电离子就会产生电流。所以水和潮湿的东西会导电。
- 防触电
  - 不用电的时候,插座面板开关保持在关的位置。
  - 不可以用湿毛巾擦电器,不可以用湿手接触插头。
  - 下雨天或者雷电天气时,远离电线杆。
  - 看到裸露的、脱落的电线头,千万要躲开。
  - 千万不要用铁丝、别针等金属制品直接与电源接触。
- 有人触电后怎么办 —— 不要拉触电的人,第一时间找大人帮忙,迅速关掉电源,拨打救援电话120。

水蒸气烫伤
- 水蒸气的科学原理
  - 液体的水吸收热量会变成水蒸气。水蒸气是无色无味的气体。
  - 水蒸气遇冷后,水分子开始聚到一起,凝结成非常小的水滴飘浮在空气中,成为雾状的小水珠,这就是我们平时看到的"白气"。
  - 因为水蒸气变成"白气"的过程中会释放大量的热量,所以"白气"会把人烫伤。记住要远离"白气"。

燃气中毒
- 在封闭的室内,天然气的浓度过高,室内的氧气大量减少,人们就会出现缺氧的症状,严重的会导致昏迷,甚至死亡。
- 当你意识到燃气泄漏时,要第一时间打开门窗,让空气流通起来,并且立刻关上燃气阀门。

干干净净

洗洁精
- 洗洁精的科学原理 —— 洗洁精里有表面活性剂。表面活性剂的"头"亲水,"身体"亲油。"身体"会找到油污,把小油污颗粒包裹起来,和水隔绝开。

便便去哪儿了
- 化粪池
  - 粪便进入化粪池,在三个池子里进行发酵,分离粪液和粪渣。
  - 底部的粪渣会被送到粪便消纳站,粪液"澄清"后被排到污水处理厂。
- 粪便消纳站 —— 通过脱水处理的方式,便便变成絮状固体,被用来做成肥料,或者填埋到地下。
- 污水处理厂 —— 经过消毒处理,合格的污水会排到江河里,或者用来灌溉农田、做绿化等。
- 沼气 —— 粪便在分解的过程中会产生沼气,沼气遇到火苗极易引发爆炸。如果你看到写着"污"的井盖,请远离。

垃圾去哪儿了
- 垃圾转运站
  - 人工拣出大件垃圾。
  - 滚筒筛筛出厨余垃圾,进入下一级振动筛,筛出有机物去堆肥,其他残渣被填埋。
  - 磁选机和风选机选出可回收金属和塑料,剩下的垃圾被送去焚烧中心。

图书在版编目（CIP）数据

藏在衣食住行里的科学 . 3, 住 / 歪歪兔童书馆编绘
. -- 北京 : 海豚出版社, 2023.4
ISBN 978-7-5110-6316-8

Ⅰ . ①藏… Ⅱ . ①歪… Ⅲ . ①科学知识 – 儿童读物
Ⅳ . ① Z228.1

中国国家版本馆 CIP 数据核字 (2023) 第 035774 号

藏在衣食住行里的科学 3
住
歪歪兔童书馆　编绘

出　版　人：王　磊
总　策　划：宗　匠
监　　　制：刘　舒
执 行 策 划：熊丽霞　李　冉
撰　　　文：郭　杨　瓦　猫
绘　　　画：索俏俏
装 帧 设 计：玄元武　侯立新
责 任 编 辑：杨文建　张国良
责 任 印 制：于浩杰　蔡　丽
法 律 顾 问：中咨律师事务所　殷斌律师

出　　　版：海豚出版社
地　　　址：北京市西城区百万庄大街 24 号　　邮　　编：100037
电　　　话：(010) 85164780（销售）　　(010) 68996147（总编室）
传　　　真：(010) 68996147
印　　　刷：北京博海升彩色印刷有限公司
开　　　本：12 开（787 毫米 ×1092 毫米）
印　　　张：18.67
字　　　数：230 千
印　　　数：10000
版　　　次：2023 年 4 月第 1 版
印　　　次：2023 年 4 月第 1 次印刷
标 准 书 号：ISBN 978-7-5110-6316-8
定　　　价：128.00 元（全 4 册）

合作、应聘、投稿、为图书
勘错，请发送邮件至
hr@waiwaitu.com

买书更划算　当当童书馆　了解更多书　海豚出版社
天猫扫一扫　微信扫一扫　抖音扫一扫　微信扫一扫